保障中小企业款项支付条例

中国法治出版社

保障中小企业款项支付条例
BAOZHANG ZHONGXIAO QIYE KUANXIANG ZHIFU TIAOLI

经销/新华书店
印刷/保定市中画美凯印刷有限公司

开本/850毫米×1168毫米 32开	印张/0.75 字数/9千
版次/2025年4月第1版	2025年4月第1次印刷

中国法治出版社出版

书号 ISBN 978-7-5216-5197-3　　　　　　　　　　定价：5.00元

北京市西城区西便门西里甲16号西便门办公区
邮政编码：100053　　　　　　　　　传真：010-63141600
网址：http://www.zgfzs.com　　　编辑部电话：010-63141673
市场营销部电话：010-63141612　　印务部电话：010-63141606

(如有印装质量问题，请与本社印务部联系。)

目　　录

中华人民共和国国务院令（第 802 号） ············（1）

保障中小企业款项支付条例 ·························（2）

司法部、工业和信息化部负责人就《保障中小企业款项支付条例》修订答记者问 ·········（15）

中华人民共和国国务院令

第 802 号

《保障中小企业款项支付条例》已经 2024 年 10 月 18 日国务院第 43 次常务会议修订通过，现予公布，自 2025 年 6 月 1 日起施行。

总理　李强

2025 年 3 月 17 日

保障中小企业款项支付条例

（2020年7月5日中华人民共和国国务院令第728号公布　2025年3月17日中华人民共和国国务院令第802号修订）

第一章　总　　则

第一条　为了促进机关、事业单位和大型企业及时支付中小企业款项，维护中小企业合法权益，优化营商环境，根据《中华人民共和国中小企业促进法》等法律，制定本条例。

第二条　机关、事业单位和大型企业采购货物、工程、服务支付中小企业款项，应当遵守本条例。

第三条　本条例所称中小企业，是指在中华人民共和国境内依法设立，依据国务院批准的中小企业划分标准确定的中型企业、小型企业和微型企业；所称大型企业，是指中小企业以外的企业。

中小企业、大型企业依合同订立时的企业规模类型确定。中小企业与机关、事业单位、大型企业订立合同时，应当主动告知其属于中小企业。

第四条 保障中小企业款项支付工作，应当贯彻落实党和国家的路线方针政策、决策部署，坚持支付主体负责、行业规范自律、政府依法监管、社会协同监督的原则，依法防范和治理拖欠中小企业款项问题。

第五条 国务院负责中小企业促进工作综合管理的部门对保障中小企业款项支付工作进行综合协调、监督检查。国务院发展改革、财政、住房城乡建设、交通运输、水利、金融管理、国有资产监管、市场监督管理等有关部门应当按照职责分工，负责保障中小企业款项支付相关工作。

省、自治区、直辖市人民政府对本行政区域内保障中小企业款项支付工作负总责，加强组织领导、统筹协调，健全制度机制。县级以上地方人民政府负责本行政区域内保障中小企业款项支付的管理工作。

县级以上地方人民政府负责中小企业促进工作综合管理的部门和发展改革、财政、住房城乡建设、交通运输、水利、金融管理、国有资产监管、市场监督管理等有关部门应当按照职责分工，负责保障中小企业款项支付相关工作。

第六条 有关行业协会商会应当按照法律法规和组织章程,加强行业自律管理,规范引导本行业大型企业履行及时支付中小企业款项义务、不得利用优势地位拖欠中小企业款项,为中小企业提供信息咨询、权益保护、纠纷处理等方面的服务,保护中小企业合法权益。

鼓励大型企业公开承诺向中小企业采购货物、工程、服务的付款期限与方式。

第七条 机关、事业单位和大型企业不得要求中小企业接受不合理的付款期限、方式、条件和违约责任等交易条件,不得拖欠中小企业的货物、工程、服务款项。

中小企业应当依法经营,诚实守信,按照合同约定提供合格的货物、工程和服务。

第二章 款项支付规定

第八条 机关、事业单位使用财政资金从中小企业采购货物、工程、服务,应当严格按照批准的预算执行,不得无预算、超预算开展采购。

政府投资项目所需资金应当按照国家有关规定确

保落实到位，不得由施工单位垫资建设。

第九条　机关、事业单位从中小企业采购货物、工程、服务，应当自货物、工程、服务交付之日起 30 日内支付款项；合同另有约定的，从其约定，但付款期限最长不得超过 60 日。

大型企业从中小企业采购货物、工程、服务，应当自货物、工程、服务交付之日起 60 日内支付款项；合同另有约定的，从其约定，但应当按照行业规范、交易习惯合理约定付款期限并及时支付款项，不得约定以收到第三方付款作为向中小企业支付款项的条件或者按照第三方付款进度比例支付中小企业款项。

法律、行政法规或者国家有关规定对本条第一款、第二款付款期限另有规定的，从其规定。

合同约定采取履行进度结算、定期结算等结算方式的，付款期限应当自双方确认结算金额之日起算。

第十条　机关、事业单位和大型企业与中小企业约定以货物、工程、服务交付后经检验或者验收合格作为支付中小企业款项条件的，付款期限应当自检验或者验收合格之日起算。

合同双方应当在合同中约定明确、合理的检验或者验收期限，并在该期限内完成检验或者验收，法律、行政法规或者国家有关规定对检验或者验收期限另有规定的，从其规定。机关、事业单位和大型企业拖延检验或者验收的，付款期限自约定的检验或者验收期限届满之日起算。

第十一条 机关、事业单位和大型企业使用商业汇票、应收账款电子凭证等非现金支付方式支付中小企业款项的，应当在合同中作出明确、合理约定，不得强制中小企业接受商业汇票、应收账款电子凭证等非现金支付方式，不得利用商业汇票、应收账款电子凭证等非现金支付方式变相延长付款期限。

第十二条 机关、事业单位和国有大型企业不得强制要求以审计机关的审计结果作为结算依据，法律、行政法规另有规定的除外。

第十三条 除依法设立的投标保证金、履约保证金、工程质量保证金、农民工工资保证金外，工程建设中不得以任何形式收取其他保证金。保证金的收取比例、方式应当符合法律、行政法规和国家有关规定。

机关、事业单位和大型企业不得将保证金限定为现金。中小企业以金融机构出具的保函等提供保证的，机关、事业单位和大型企业应当接受。

机关、事业单位和大型企业应当依法或者按照合同约定，在保证期限届满后及时与中小企业对收取的保证金进行核算并退还。

第十四条　机关、事业单位和大型企业不得以法定代表人或者主要负责人变更，履行内部付款流程，或者在合同未作约定的情况下以等待竣工验收备案、决算审计等为由，拒绝或者迟延支付中小企业款项。

第十五条　机关、事业单位和大型企业与中小企业的交易，部分存在争议但不影响其他部分履行的，对于无争议部分应当履行及时付款义务。

第十六条　鼓励、引导、支持商业银行等金融机构增加对中小企业的信贷投放，降低中小企业综合融资成本，为中小企业以应收账款、知识产权、政府采购合同、存货、机器设备等为担保品的融资提供便利。

中小企业以应收账款融资的，机关、事业单位和大型企业应当自中小企业提出确权请求之日起30日内确认债权债务关系，支持中小企业融资。

第十七条　机关、事业单位和大型企业迟延支付中小企业款项的，应当支付逾期利息。双方对逾期利息的利率有约定的，约定利率不得低于合同订立时1年期贷款市场报价利率；未作约定的，按照每日利率万分之五支付逾期利息。

第十八条 机关、事业单位应当于每年3月31日前将上一年度逾期尚未支付中小企业款项的合同数量、金额等信息通过网站、报刊等便于公众知晓的方式公开。

大型企业应当将逾期尚未支付中小企业款项的合同数量、金额等信息纳入企业年度报告，依法通过国家企业信用信息公示系统向社会公示。

第十九条 大型企业应当将保障中小企业款项支付工作情况，纳入企业风险控制与合规管理体系，并督促其全资或者控股子公司及时支付中小企业款项。

第二十条 机关、事业单位和大型企业及其工作人员不得以任何形式对提出付款请求或者投诉的中小企业及其工作人员进行恐吓、打击报复。

第三章 监督管理

第二十一条 县级以上人民政府及其有关部门通过监督检查、函询约谈、督办通报、投诉处理等措施，加大对机关、事业单位和大型企业拖欠中小企业款项的清理力度。

第二十二条 县级以上地方人民政府部门应当每年定期将上一年度逾期尚未支付中小企业款项情况按

程序报告本级人民政府。事业单位、国有大型企业应当每年定期将上一年度逾期尚未支付中小企业款项情况按程序报其主管部门或者监管部门。

县级以上地方人民政府应当每年定期听取本行政区域内保障中小企业款项支付工作汇报，加强督促指导，研究解决突出问题。

第二十三条 省级以上人民政府建立督查制度，对保障中小企业款项支付工作进行监督检查，对政策落实不到位、工作推进不力的部门和地方人民政府主要负责人进行约谈。

县级以上人民政府负责中小企业促进工作综合管理的部门对拖欠中小企业款项的机关、事业单位和大型企业，可以进行函询约谈，对情节严重的，予以督办通报，必要时可以会同拖欠单位上级机关、行业主管部门、监管部门联合进行。

第二十四条 省级以上人民政府负责中小企业促进工作综合管理的部门（以下统称受理投诉部门）应当建立便利畅通的渠道，受理对机关、事业单位和大型企业拖欠中小企业款项的投诉。

国务院负责中小企业促进工作综合管理的部门建立国家统一的拖欠中小企业款项投诉平台，加强投诉处理机制建设，与相关部门、地方人民政府信息共享、协同配合。

第二十五条 受理投诉部门应当按照"属地管理、分级负责，谁主管谁负责、谁监管谁负责"的原则，自正式受理之日起 10 个工作日内，按程序将投诉转交有关部门或者地方人民政府指定的部门（以下统称处理投诉部门）处理。

处理投诉部门应当自收到投诉材料之日起 30 日内形成处理结果，以书面形式反馈投诉人，并反馈受理投诉部门。情况复杂或者有其他特殊原因的，经部门负责人批准，可适当延长，但处理期限最长不得超过 90 日。

被投诉人应当配合处理投诉部门工作。处理投诉部门应当督促被投诉人及时反馈情况。被投诉人未及时反馈或者未按规定反馈的，处理投诉部门应当向其发出督办书；收到督办书仍拒不配合的，处理投诉部门可以约谈、通报被投诉人，并责令整改。

投诉人应当与被投诉人存在合同关系，不得虚假、恶意投诉。

受理投诉部门和处理投诉部门的工作人员，对在履行职责中获悉的国家秘密、商业秘密和个人信息负有保密义务。

第二十六条　机关、事业单位和大型企业拖欠中小企业款项依法依规被认定为失信的，受理投诉部门和有关部门按程序将有关失信情况记入相关主体信用记录。情节严重或者造成严重不良社会影响的，将相关信息纳入全国信用信息共享平台和国家企业信用信息公示系统，向社会公示；对机关、事业单位在公务消费、办公用房、经费安排等方面采取必要的限制措施，对大型企业在财政资金支持、投资项目审批、融资获取、市场准入、资质评定、评优评先等方面依法依规予以限制。

第二十七条　审计机关依法对机关、事业单位和国有大型企业支付中小企业款项情况实施审计监督。

第二十八条　国家依法开展中小企业发展环境评估和营商环境评价时，应当将保障中小企业款项支付工作情况纳入评估和评价内容。

第二十九条　国务院负责中小企业促进工作综合管理的部门依据国务院批准的中小企业划分标准，建立企业规模类型测试平台，提供中小企业规模类型自测服务。

对中小企业规模类型有争议的，可以向主张为中小企业一方所在地的县级以上地方人民政府负责中小企业促进工作综合管理的部门申请认定。人力资源社会保障、市场监督管理、统计等相关部门应当应认定部门的请求，提供必要的协助。

第三十条 国家鼓励法律服务机构为与机关、事业单位和大型企业存在支付纠纷的中小企业提供公益法律服务。

新闻媒体应当开展对保障中小企业款项支付相关法律法规政策的公益宣传，依法加强对机关、事业单位和大型企业拖欠中小企业款项行为的舆论监督。

第四章 法律责任

第三十一条 机关、事业单位违反本条例，有下列情形之一的，由其上级机关、主管部门责令改正；拒不改正的，对负有责任的领导人员和直接责任人员依法给予处分：

（一）未在规定的期限内支付中小企业货物、工程、服务款项；

（二）拖延检验、验收；

（三）强制中小企业接受商业汇票、应收账款电子凭证等非现金支付方式，或者利用商业汇票、应收账款电子凭证等非现金支付方式变相延长付款期限；

（四）没有法律、行政法规依据，要求以审计机关的审计结果作为结算依据；

（五）违法收取保证金，拒绝接受中小企业以金融机构出具的保函等提供保证，或者不及时与中小企业对保证金进行核算并退还；

（六）以法定代表人或者主要负责人变更，履行内部付款流程，或者在合同未作约定的情况下以等待竣工验收备案、决算审计等为由，拒绝或者迟延支付中小企业款项；

（七）未按照规定公开逾期尚未支付中小企业款项信息。

第三十二条　机关、事业单位有下列情形之一的，依法追究责任：

（一）使用财政资金从中小企业采购货物、工程、服务，未按照批准的预算执行；

（二）要求施工单位对政府投资项目垫资建设。

第三十三条　国有大型企业拖欠中小企业款项，造成不良后果或者影响的，对负有责任的国有企业管理人员依法给予处分。

国有大型企业没有法律、行政法规依据，要求以审计机关的审计结果作为结算依据的，由其监管部门责令改正；拒不改正的，对负有责任的国有企业管理人员依法给予处分。

第三十四条 大型企业违反本条例，未按照规定在企业年度报告中公示逾期尚未支付中小企业款项信息或者隐瞒真实情况、弄虚作假的，由市场监督管理部门依法处理。

第三十五条 机关、事业单位和大型企业及其工作人员对提出付款请求或者投诉的中小企业及其工作人员进行恐吓、打击报复，或者有其他滥用职权、玩忽职守、徇私舞弊行为的，对负有责任的领导人员和直接责任人员依法给予处分或者处罚；构成犯罪的，依法追究刑事责任。

第五章　附　　则

第三十六条 部分或者全部使用财政资金的团体组织采购货物、工程、服务支付中小企业款项，参照本条例对机关、事业单位的有关规定执行。

军队采购货物、工程、服务支付中小企业款项，按照军队的有关规定执行。

第三十七条 本条例自 2025 年 6 月 1 日起施行。

司法部、工业和信息化部负责人就《保障中小企业款项支付条例》修订答记者问

2025年3月17日，国务院总理李强签署第802号国务院令，公布修订后的《保障中小企业款项支付条例》（以下简称《条例》），自2025年6月1日起施行。日前，司法部、工业和信息化部负责人就《条例》有关问题回答了记者提问。

问：请简要介绍一下《条例》的修订背景。

答：党中央、国务院高度重视解决拖欠企业账款问题。习近平总书记在前不久召开的民营企业座谈会上强调，要着力解决拖欠民营企业账款问题。党的二十届三中全会明确指出，健全拖欠企业账款清偿法律法规体系。现行《条例》自2020年9月1日实施以来，对依法保障中小企业款项支付、切实维护中小企业合法权益发挥了重要作用。近年来，受国内外复杂形势影响，中小企业

应收账款规模增长、账期拉长，"连环欠"现象较为突出，《条例》实施也面临一些问题需要解决：一是工作机制不健全，部门职责不够明确，监督管理措施不够完善；二是相关主体的支付责任不够具体，保障措施不够有力；三是有些制度措施比较原则，法律责任不够健全。因此，有必要对现行《条例》作出修订。

问：修订《条例》的总体思路是什么？

答：本次《条例》修订坚持以习近平新时代中国特色社会主义思想为指导，在总体思路上主要遵循以下几点：一是坚持党的领导，坚持和落实"两个毫不动摇"。二是坚持问题导向，聚焦解决拖欠企业账款面临的堵点难点问题，并将行之有效的经验做法上升为法规制度。三是坚持防治结合，强化机关、事业单位和大型企业款项支付责任，完善保障支付各项措施，加大预防和治理拖欠力度。四是坚持系统观念，统筹好政府和市场、活力和秩序的关系，尊重交易主体意思自治，依法依规加大政府监管力度，并与相关法律、行政法规做好衔接，形成制度合力。

问：为加强保障中小企业款项支付，《条例》确立了哪些工作原则和体制机制？

答：一是增加规定保障中小企业款项支付工作应

当贯彻落实党和国家的路线方针政策、决策部署，坚持支付主体负责、行业规范自律、政府依法监管、社会协同监督的原则。二是明确国家和地方层面负责中小企业促进工作综合管理的部门和发展改革、财政、住房城乡建设、交通运输、水利、金融管理、国有资产监管、市场监督管理等部门的工作职责。三是强调省、自治区、直辖市人民政府对本行政区域内保障中小企业款项支付工作负总责，加强组织领导、统筹协调，健全制度机制。四是增加规定县级以上人民政府及其有关部门通过监督检查、函询约谈、督办通报、投诉处理等措施，加大对拖欠中小企业款项的清理力度。

问：《条例》在规范支付行为、强化支付责任方面有哪些新规定？

答：《条例》设"款项支付规定"专章，主要从三个方面作了修订：一是进一步明确付款期限。明确对机关、事业单位和大型企业的款项支付期限要求，特别是规定大型企业应当自货物、工程、服务交付之日起60日内支付款项；合同另有约定的，从其约定，但应当按照行业规范、交易习惯合理约定付款期限并及时支付款项，不得约定以收到第三方付款作为向中小企业支付款项的条件或者按照第三方付款进度比例支付中小企业款项。二是进一步完善非现金支付方式。明确规定不得强制中小企业接受商业汇票、应收账款电子凭证等非现金支付方式，不得利用商业汇票、应收账款电子凭证等非现金支付方式变相延长付款期限。三是明确对无争议款项的付款义务。增加规定机关、事业单位和大型企业与中小企业的交易，部分存在争议但不影响其他部分履行的，对于无争议部分应当履行及时付款义务。

问：《条例》在强化各级政府部门监督管理措施方面是如何规定的？

答：《条例》设"监督管理"专章，推动建立相关制度，主要作了以下修订：一是明确定期工作汇报制度。增加规定县级以上地方人民政府部门应当每年定期向本级人民政府，事业单位、国有大型企业向其主管部门或者监管部门报告逾期尚未支付中小企业款项情况，县级以上地方人民政府应当每年定期听取本行政区域内保障中小企业款项支付工作汇报。二是建立约谈通报制度。明确对保障中小企业款项支付工作政策落实不到位、工作推进不力、严重拖欠中小企业款项等情形，有关部门可以采取函询约谈、督办通报等措施。三是进一步细化限制措施。明确拖欠中小企业款项情节严重或者造成严重不良社会影响的，对机关、事业单位在公务消费、办公用房、经费安排等方面采取必要的限制措施，对大型企业在财政资金支持、投资项目审批、融资获取、市场准入、资质评定、评优评先等方面依法依规予以限制。

问：《条例》对投诉处理机制作了哪些修改完善？

答：投诉处理机制是保障中小企业款项支付的一项重要举措，《条例》主要从三个方面作了修改完善：一是明确国务院负责中小企业促进工作综合管理的部门建立国家统一的拖欠中小企业款项投诉平台。二是明确相关时限，受理投诉部门应当自正式受理之日起10个工作日内，按程序将投诉转交处理投诉部门；处理投诉部门应当在30日内将处理结果书面反馈投诉人，情况复杂或者有其他特殊原因的，处理期限最长不得超过90日。三是明确受理投诉部门、处理投诉部门、投诉人、被投诉人等各主体的权利义务。

问：《条例》在强化实施保障方面还有哪些新规定？

答：一是强化法律责任。《条例》设"法律责任"专章，明确国有大型企业拖欠中小企业款项造成不良后果或者影响的，对负有责任的国有企业管理人员依法给予处分；对机关、事业单位和大型企业及其工作人员的恐吓、打击报复和其他违法行为，补充完善了相关法律责任。二是加强行业自律。要求有关行业协会商会应当加强行业自律管理，为中小企业提供信息咨询、权益保护、纠纷处理等方面的服务；鼓励大型企业公开承诺向中小企业采购货物、工程、服务的付款期限与方式。三是增加金融支持力度。鼓励、引导、支持商业银行等金融机构增加对中小企业的信贷投放，降低中小企业综合融资成本，为中小企业以应收账款、知识产权、政府采购合同、存货、机器设备等为担保品的融资提供便利。